Kanu & Kajak

Satz: Buchdruckerei Loibl, Neuburg a. d. Donau
Druck: Cantz, Ostfildern
Bindearbeiten: Sigloch Buchbinderei, Künzelsau
1 2 3 4 5 6 92 91 90
(Jeweils erste und letzte Zahl maßgeblich)
ISBN 3-8231-0168-4

Kanu & Kajak

Ein fröhliches Wörterbuch für Wildwasserfreaks, Hochseekanuten, Wanderpaddler, Aussteiger, Einsteiger und alle Freizeitlüstlinge.

Text und Zeichnungen von
Judith Steinbacher-Rittlinger

TOMUS

Abfahrtsrennen

A

Abenteuer Ein Unternehmen mit unvorhersehbarem Ausgang, z. B. das Besteigen eines Kajaks, ohne vorher Fachliteratur studiert zu haben. Wie in der Liebe gilt: Wer am Morgen spart, bezahlt am Abend teuer.

Abfahrtsrennen Im Schwierigkeitsgrad absolut vergleichbar mit Rennen beim Skisport, wobei allerdings der Grundstoff H_2O den Aggregatzustand wechselt. Ist dieser nicht in genügendem Maße vorhanden, kommen auf beiden Abfahrtsstrecken die Steine zum Vorschein.

Abfall Bisweilen völlig überraschend auftretende Stufe im Flußverlauf, die träumende Paddler zwingt, schleunigst den Rückwärtsgang einzulegen.

Abschwingen Elegantes Drehen des Bootes aus schneller Fahrt heraus, indem man Strömung und Kehrwasser ausnützt. Eignet sich hervorragend zum effektvollen Anlegen an Wirtshausstegen vor Publikum.

Abtrift Widrige Strömungen, die den Kanuten aus der Bahn werfen. Ein Könner gleicht spielerisch mit verstärktem Paddelschlag aus, was ihm schlimmstenfalls einen Oberarmkrampf einbringt. Der Anfänger neigt zu hektischem Gegenpaddeln, das zwangsläufig in einer Karussellfahrt endet.

Abwasser Die Abwasserbeseitigung, besonders nach vorhergegangenem Biergenuß, die der Flußwanderer leichten Fußes nach dem Abschwingen (siehe dort) bewältigt, stellt auf offener See außerhalb der 3-Meilen-Zone ein erhebliches Problem dar. Dort nämlich wird der in Not geratene Sportsmann zum akrobatischen „Manneken Pis“, hat er nicht Vorsorge getroffen und die letzte leere Bierdose mitgenommen. Für weibliche Leidensgenossinnen haben bisher ähnliche Ratschläge aus Gründen der Hydraulik versagt.

Achterdeck

Oberer hinterer Quadrant des Bootes. Ist in Form und Verhalten mit jedem anderen Hinterteil vergleichbar: Ist es flach und breit, erweist es sich als relativ unbeweglich, gibt aber dem Besitzer ein Gefühl von Stabilität und Sicherheit. Die schlanke Pfirsichform dagegen sticht wegen ihres ausgewogenen Bewegungsablaufes auch Laien ins Auge.

Adria

1. Ein weltweit häufig verwendeter Name für italienische Speiserestaurants.
2. Meerbusen zwischen Italien und Jugoslawien, wo auf italienischer Seite, um den Tourismus attraktiver zu gestalten, die Wasserkonsistenz neuerdings geleeartig ist. Auf jugoslawischer Seite ein Paddlerparadies für Inselfreaks, wo sich diese noch am Busen der Natur betten können.

Alaska

Traumurlaub für Kühlkostanhänger. Treffpunkt aller Zivilisationsflüchtlinge ist der Noatala River, wo nachts lediglich Grizzlies Anschluß suchend durchs Lager tappen.

Alm

Hochgelegenes, meist bewirtschaftetes Anwesen in den Alpen. Beliebter Rastplatz von alpinen Wildwasserkanuten, um die Behauptung zu überprüfen: „Auf der Alm, da gibt’s koa Sünd“. Wird, trotz entsprechender Versuche, nur bei extremsten Witterungsverhältnissen (Gletscherschmelze, Sintflut) schiffbar.

Alpenflüsse

Allen menschlichen Reglementierungen immer noch hartnäckig trotzende Naturburschen, die es sich zur Aufgabe

Alaska

Amazonas

gemacht haben, in dem lächerlichen Zeitraum von einigen Millionen Jahren die Berge einzuebnen, getreu dem Motto: Nieder mit den Alpen, freie Sicht aufs Mittelmeer.

Altwasser

1. Abgestandenes Wasser, ideal zum Blumengießen.
2. Ehemaliger, jetzt ruhender Flußverlauf, romantisches Biotop, in dessen Ufergebüschen manch junger Paddler die erste Erfahrung mit dem weiblichen Naturphänomen hatte. Leider ist dieses Idyll für die verstädterten Flurbereiniger ein moralischer Sumpf, den sie trocken legen wollen.

Amazonas

Badeabenteuer für den Fischfreund, der live an der Fütterung von Piranhas teilnehmen will.

Ameisen

Lat.: Formicae. Tauchen an allen Rastplätzen invasionsartig auf. Mit hochentwickeltem Kommunikationssystem erobern sie jedes Marmeladenglas, zu dem sie immer den kürzesten Weg nehmen, ungeachtet aller Widerstände, wie z. B. Zelte, Beine etc. Ihre Vielzahl erzwingt die Besitzaufgabe von Lebensmitteln oder den taktischen Rückzug aufs Wasser.

Anfangsstabilität

Natürlicher Widerstand des Bootes gegen das Kentern. Ein Umstand, den man Kajakneulingen nicht verständlich machen kann, weil sie an der Trägheit der Masse zweifeln.

Angstschweiß

Kanuten gänzlich unbekannte Körperausscheidung, da diese höchstens unter lästigem Spritzwasser zu leiden haben, besonders kurz vor der Einfahrt in einen Katarakt.

Aufdrehen

1. Paddler-Latein am Stammtisch.
2. Das Wiederaufrichten des gekenterten Bootes, ohne auszusteigen (siehe Eskimorolle).

Aufkanten	Durch Hüftschwung seitliches Kippen des Bootes. Wird bei Hitze angewendet, um ein erfrischendes Bad zu nehmen, was von Zuschauern wegen des Überraschungseffektes gerne als Kentern mißdeutet wird.
Auftrieb	1. Fröhlicher, frühsommerlicher Ansturm der Kanuten auf die oberen Flußläufe. Es „treibt sie (hin)auf“. 2. Das Wiederauftauchen eines gekenterten und vermeintlich gesunkenen Bootes mit Hilfe von Auftriebskörpern.
Auftriebskörper	Naturgegebene, paarweise auftretende Halbkugeln an weiblichen Oberkörpern, deren Form und Größe der Trägerin überlassen ist. Der Anblick derselben gibt den männlichen Sportskameraden Auftrieb.
Auslegen	1. Leihweises Bezahlen der Zeche eines Sportskameraden. 2. Interpretation von Paddler-Latein. 3. Sich mit der Paddelbreitseite auf dem Wasser abstützen, wodurch kurzfristig mehr Stabilität erreicht wird, was den Auslegerkanus der Südsee abgeschaut wurde.
Ausreitsitz	Wird von ehemaligen Herrenreitern fälschlicherweise auf das Kajak übertragen, was dieses nicht einmal mit der entsprechenden Besegelung aushält.
Ausrüstung	Sammelsurium mehr oder weniger hilfreicher Utensilien, deren Beschränkung auf das Notwendigste eine asketische Lebensweise verlangt. Hat der Durchschnitts-Kanute nach größerer logistischer Anstrengung die Unterbringung im knappen Stauraum gelöst, erkennt er oft zu spät, daß wegen des Bunkerns von Dosenbier nur noch ein beidseitig Beinamputierter im Boot Platz hat.

Auftriebskörper

Beinspiel

Außenborder Paddelhilfe für Armamputierte.

B

Backbord Backhilfe für die Fahrtenküche.

Baden-Powell Sir Robert, einer der ersten bekanntgewordenen Faltbootfahrer. Er fuhr die Themse hinauf und den Avon hinunter. Es ist naheliegend, daß ihm dabei die Idee mit den „Boy-Scouts" kam — als willige Helfer zum Umtragen und Zeltaufbau.

Balancierreflex Natürlicher Reflex von Kanu-Neulingen, ein Kentern durch ruckartiges Verlagern des Körpergewichts abzufangen, was unweigerlich den Reflexinhaber in den Bach wirft. Könner haben den Reflex verinnerlicht und leisten ausgleichende Beinarbeit.

Beinspiel Dirigieren des Bootes und dessen Wasserlage mittels Beindruck. Eine leichte Übung für sensible Tangotänzer. Führt im gemischten Zweier zwangsläufig zu Mißverständnissen.

Bekleidung Während der Fahrt ist Bekleidung entweder zu warm oder naß-kalt und somit äußerst ungesund. Es sollte daher gänzlich auf sie verzichtet werden. Merke: Nur Spießer halten den Sportsmann resp. -frau deswegen für einen Exhibitionisten.

Beschleuniger
1. Ehrgeiziger Kanute beim Nahen einer Wandergruppe.
2. Mittler zwischen Acrylnitrilbutadienstyrol und Glasfasermatte, um die Anhärtezeit zu verkürzen, wenn man es selbst machen will, weil man allen Bootsbauern mißtraut.

Merke: Die Axt im Haus mißtraut dem Schiffszimmermann.

Blauer Nil Idyllischer Wasserwanderfluß in Afrika mit niedrigen Schwierigkeitsgraden, aber erst nach dem Aussterben der Krokodile.

Bleikiel Die Erkenntnis, daß unkenterbare Schiffe einen langgezogenen Bleikiel haben, machte sich ein Bastler aus Castrop-Rauxel zu Nutze. Er übernahm den B. aus dem Küstensegler seines Vetters zweiten Grades für sein Kajak. Der Einbau war problemlos. Leider ist die Wasserlage nicht mehr nachprüfbar, weil das Objekt seit dem Stapellauf auf dem Grund der Ruhr liegt.

Bodendecke Abdeckung des Faltbootbodens. Die liebevolle Kajakbraut wird es sich nicht nehmen lassen, diese selbst anzufertigen und mit allerlei Zierat zu versehen. Sehr hübsch nehmen sich Borten, Troddeln und Pailletten aus, auch der Spruch „Tritt ein, bring Glück herein“ in Kreuzstich.

Boot Sammelbegriff für alle kleineren Wasserfahrzeuge. Wer ein solches sein eigen nennt, ist sein eigener Kapitän und hat Befehlsgewalt über alle Mitfahrer. Letztere sollten sich vor Antritt der Fahrt über den Straftatbestand der Meuterei informieren.

Bootshaus Etablissement, in dem Einer, Zweier, Dreier, Canadier und Artverwandte, spitze und bananenförmige beieinanderliegen, um in Verkehr genommen zu werden.

Bootswagen Unentbehrliches Utensil auf Wanderfahrt. Der Versuch, aus einem Kajak durch Unterschieben des Bootswagens ein ver-

SIE KOMMEN!
JRS

Bordapotheke

kehrstüchtiges Landfahrzeug nach der StVO zu machen, ist bisher, vermutlich an ungenügender Beleuchtung, gescheitert.

Bordapotheke — Sollte stets griffbereit sein und aus desinfizierenden, antiseptischen und calmierenden Naturprodukten bestehen. Sehr zu empfehlen sind alle Obstextrakte wie Kirschwasser, Zwetschgenwasser, Himbeergeist.

Bordeaux — Wichtiger Bestandteil der Bordküche, besonders der rote. Gibt auch dem einfachsten Mahl einen Hauch von haute cuisine.

Brandung — Unliebsame Naturerscheinung an Meeresküsten, die schon manchen Paddler an der raschen Abwasserbeseitigung (siehe dort) gehindert hat. Die beste Möglichkeit, trotzdem landen zu können, ist, um die Insel herumzufahren, wo der Wind ablandig bläst und es daher keine Brandung gibt. Bei Inseln ab der Größe von Korsika ist dieser Versuch zwecklos.

Brecher — Sportskamerad, der zur Festigung der Anfangsstabilität den Heilsäften der Bordapotheke zu sehr zugesprochen hat.

Bremsschlag

1. Schlag zur Abwehr von Bremsen und anderen Stechfliegen. Führt bei zu heftiger Anwendung leicht zum Verlust der Balance oder sogar zu Selbstverstümmelung.
2. Paddelschlag zum Bremsen aus voller Fahrt vor einem Hindernis, z. B. Wasserfall (nur für Hasenfüße).

Buhne — In das Gewässer ragende Uferbefestigung, in deren Windschatten sich gerne Nudisten sonnen. Werden diese von zu vielen vorbeipaddelnden Sportskameraden gestört, „buhen" sie. Daher der Name.

C

Camping	Verlagerung des gesamten Hausrates während der Urlaubszeit in eine unkomfortablere, instabilere und beengtere Umgebung. Soll der Selbstfindung und -verwirklichung dienen. Indem man sich auf das Wesentliche beschränkt, hofft man, die inneren Werte zu fördern.
Canadier	Dem Indianerkanu nachempfundene Bootsform mit spitz nach oben auslaufendem Steven. Wird mit dem Stechpaddel in Blickrichtung bewegt. In der sportlichsten Variante kniet der Fahrer in der Bootsmitte und wird deshalb häufig mit einem dramatischen Liebhaber verwechselt.
Caravan	Fahrzeug für Freizeitler, die zu faul sind, abends das Zelt aufzubauen. An dem Versuch, den C. so zusammenzulegen, daß er in ein Boot paßt, scheitern sogar Ignoranten.
Car-Top-Boat	Boot, das höchstens so groß ist, daß es noch auf dem Autodach transportiert werden kann. Schon mancher Wassersportfreund hat hierbei sein Auto völlig überschätzt und es zum „broken-down car“ umfunktioniert.
Chiemsee	Größter oberbayerischer Badesee, den man in den Ferienmonaten dank der vielen Segelboote bequem zu Fuß überqueren kann. Wird für Kajakfahrer erst ab Windstärke 8 interessant, da sich der See dann zügig leert und außerdem die absurdesten „Rette-sich-wer-kann“-Manöver geboten werden.

Dachträger

D

Dachträger	Bei der Anschaffung eines D. zeigt sich, wes Geistes Kind der Käufer ist: Liebt er sein Auto mehr als sein Sportgerät, wird er ein dürftiges Modell von geringer Stabilität wählen. Der weltanschaulich gefestigte Kanusportler hingegen läßt sich seinen Dachträger von Meisterhand schmieden, auf dem sein Kajak ruht wie in Abrahams Schoß. Der Kunstfreund wird sich an den wunderbaren Atlanten der Jahrhundertwende orientieren, die zierliche Balkone auf ihren mächtigen Schultern tragen, und ein nostalgisches Modell erstehen. Der Ängstliche, der mit offenem Fenster und einer Hand an der Verstrebung fährt, tendiert zu dem Modell „Herkules", das sich so festschrauben läßt, daß eher das Autodach wegfliegt als die Dachlast.
Deck	Die sichtbare, nach oben gekehrte Seite des Bootes. Während einer Kajakfahrt ist davon abzuraten, zum Ausruhen oder Sonnen „an Deck" zu gehen, da hierbei die Endstabilität (siehe dort) einer harten Prüfung unterzogen wird.
Deutscher-Kanu-Verband	Erste Hilfe für ein in Deutschland zu Bruch gegangenes Kanu.
Deutsches Hydrographisches Institut	Herausgeber des Gezeitenkalenders für die Deutsche Bucht und deren Flußmündungen. Ein Muß für jeden Seekajak-Freund, wenn er nicht die Nacht auf dem großen Vogelsand oder im blubbernden Wattenschlick verbringen will.
Dollen	1. Sächsischer Ausdruck für Toben. 2. Rudern in der von Paddlern verachteten Richtung: mit dem Rücken zum Geschehen.

Donau	Idealer Wasserwanderfluß für Heurigen-Gesellschaften von Passau bis Wien, die in Rekordzeit grünen Veltliner physiologisch zu Abwasser abbauen.
Doppelendform	Symmetrische Bootform, bei der man nicht weiß, wo vorne und hinten ist. Bereitet Unentschlossenen höchste Pein, weil sie sich für die Fahrtrichtung entscheiden müssen.
Drehschlag	1. Rundumschlag zur Selbstverteidigung. Eignet sich aber nur, wenn das Kräfteverhältnis in etwa dem von Obelix und den Römern nahekommt. 2. Leichter Gegendruck nach vollendeter Paddelführung, um einem Gieren (siehe dort) entgegenzuwirken.
Dreier-Kajak	Veraltete Bootsform aus der Zeit, als Schwiegermütter noch nicht sportlich genug waren, um selbst Kajak zu fahren.
Drilling	Dreihakiges Angelgerät, soll die Chancen des Fischfangs erhöhen. Nachgewiesenes häufiges Vorkommen an den schönsten Anlegestellen, wo sie zu unauffälligen Fußangeln für Paddler verkommen und die Niedertracht von Anglern beweisen.
Drücken	Technik zum kontinuierlichen Bewegen des Bootes in eine Richtung. Paßt in allen Lebenslagen, nach dem Motto: Der Weg ist das Ziel.
Duffek-Schlag	Spielerisch in die Unterhaltung eingeflochten, erschüttert dieser Begriff jeden Tennisfan, und die Erklärung, Duffek sei Tscheche und Weltmeister, verstört ihn vollends. Dem versierten Kajakfahrer ist es hingegen ein leichtes, mit laszivem Hüftschwung dem Unwissenden die Löffeltechnik zu demonstrieren.

Dreier-Kajak
JRS

Einmann-Leichtzelt
JRS

Dünen	Sieht der vom Meer kommende Seekanute D., darf er frohlocken. Bald wird er festen Boden unter den Füßen haben, sei es in Sylt, Arcachon, Casablanca oder Maspalomas.
Dünung	Lange, glatte Wellen nach vorhergegangenem Sturm. Haben einen ungünstigen Einfluß auf die Magennerven sensibler Kajakfahrer. Sie werden leicht zu Brechern (siehe dort), obwohl diese Art des Seegangs keine solchen vorsieht.

E

Ebbe	1. Bedenklicher Zustand im Geldbeutel nach dem Besuch eines Fachgeschäftes für Bootszubehör. 2. Wasserstand im Mündungsdelta, der den Kanuten zum Wandersmann werden läßt.
Einbaum	Urgroßvater aller Sportboote, das Kajak des Neandertalers. War etwas unhandlich beim Umtragen, da das Rad noch nicht erfunden und somit das Unterschieben eines Bootswagens nicht möglich war.
Einer	Der Single aller Kajaks und Faltboote.
Einheitsboot	Bootsform in kommunistischen Ländern.
Einmann-Leichtzelt	Überaus unpraktisches Utensil für überraschende Schäferstündchen. Nicht nur, daß es wirklich nur für eine Person konstruiert ist, es hält auch nicht dem leichtesten Ansturm stand.
Eintagsfliege	Frische Bekanntschaft, auf Kajak-Tagesausflug getestet und als untaugliches Fahrtenobjekt erkannt.

Elch

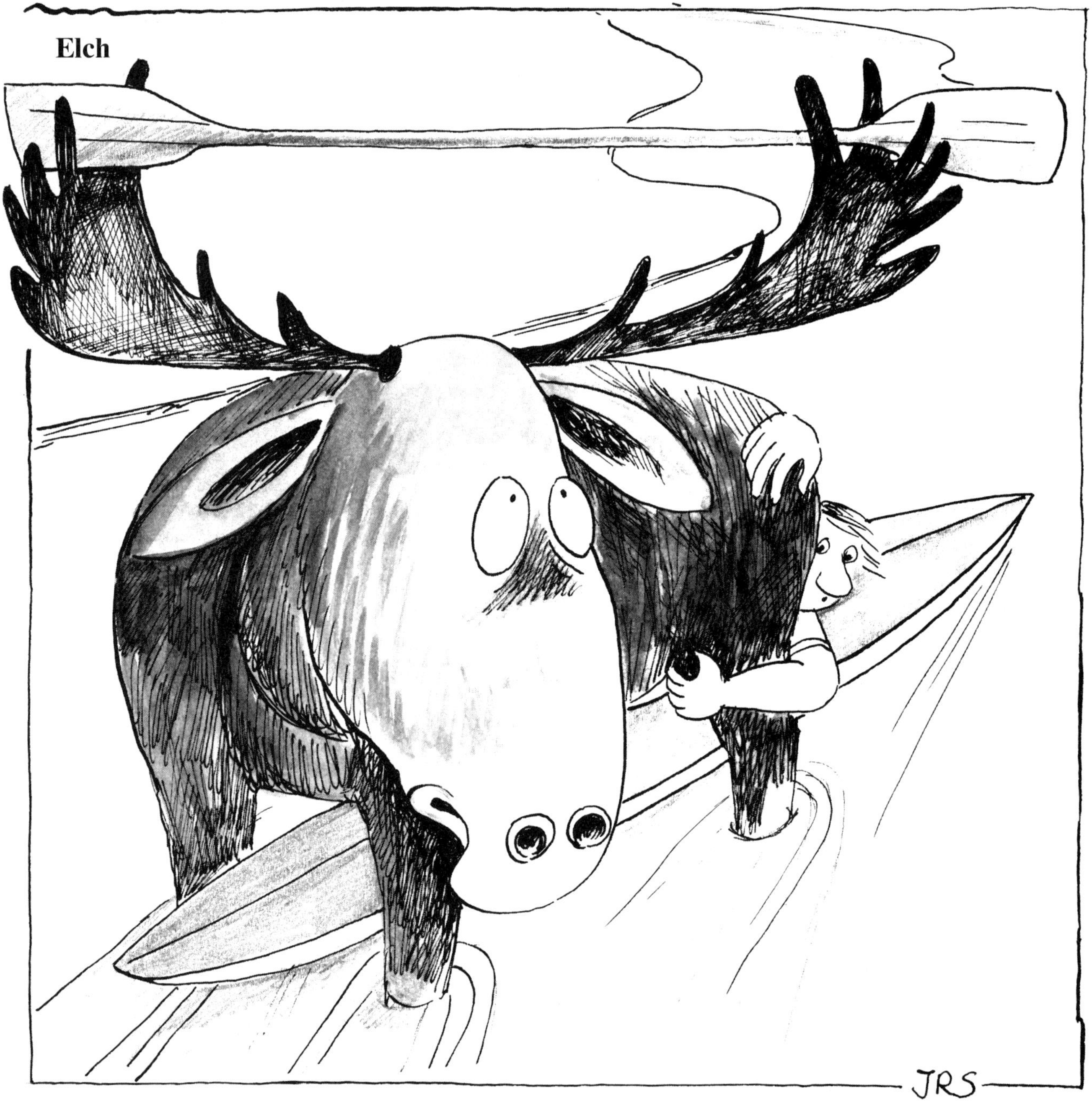

Einzugsgebiet	Revier um den festen Wohnsitz eines Kanusportlers, in dem er schiffbare Gewässer zur Ausübung seiner Leidenschaft findet und Zweierbeziehungen rekrutieren kann.
Eisbär	Beschleuniger der Eskimorolle und der Endspurtkapazität im Eismeer.
Eisbrecher	1. Kriminelles Element, das Kühlhäuser knackt. 2. Mit Stahlkiel ausgerüstetes Kajak, um im Packeis festsitzende Kameraden zu befreien.
Eiskanal	Teststrecke für die mutmaßliche Mannschaft einer Nordpol-Expedition per Kajak.
Ekstase	Verzückung beim Befahren jungfräulicher Wildflüsse durch Ausschüttung körpereigener Morphine, mit denen sich ein süchtigmachendes Glücksgefühl einstellt.
Elbe	Großer, schiffbarer Strom in Mitteleuropa. Mündet zwischen Brunsbüttel Kok und Otterndorf in die Nordsee, wobei wegen Breite (15 km), Gezeiten, Strömung und Kabbelwasser für den Kanuten schwer erkennbar ist, wo der eine endet und die andere beginnt.
Elch	Nordischer Hirsch mit ausladendem Geweih. Kollidiert ein Kanute mit einem E., soll er sofort das Ufer aufsuchen und seinen Rausch ausschlafen, ausgenommen er befindet sich in Nordskandinavien: Elche baden für ihr Leben gern.
Endstabilität	Weder das Ende jeder Stabilität noch die Annäherung an die optimale, sondern der Punkt, wo's sich entscheidet: Ist der Kahn bzw. der Arm des Kanuten in der Schräglage stabil

Eskimorolle

genug, dem Kentern zu trotzen, oder kippt er den Insassen lustvoll hinein ins kühle Naß?

Erste Hilfe	Sollte jedem Anfänger geleistet werden, indem der Könner ihm beim Einsteigen behilflich ist, das Paddel reicht und ihn mit guten Tips zum Überleben und mit Schauergeschichten auf große Fahrt schickt.
Eskimo-Kajak	Bootsform, die die Eskimos erfunden haben, die einer Mondsichel auf dem Rücken gleicht und genauso elegant wie diese über den Himmel durch das Eismeer gleitet.
Eskimorolle	Nicht zu verwechseln mit einer Vorspeise aus Alaska. Erfindung der Eskimos, um nach dem Kentern dem nassen Tod zu entgehen, indem sie mittels Hebelwirkung das Boot wieder aufrichten: Denn kein Eskimo kann schwimmen.
Eskimotieren	Durch spielerisches Üben der Eskimorolle wird erreicht, daß Zuschauern am Ufer die Luft wegbleibt, indem der Eskimotierende prustend vorgibt, sich nur abkühlen zu wollen.
Expedition	Lat.: zu Fuß erforschen. Ein hervorragendes Betätigungsfeld bieten weitverzweigte Flußläufe bei Niedrigwasser, wo man mit sicherem Instinkt den Wasserarm findet, der seinen Lauf untertage verlegt.

F

Fahrtechnik	Zusammenspiel von Logik, Kraft, Erfahrung und dem Wissen um die richtige Abfahrtszeit, damit man am Wochenende vor den anderen am Startplatz ist.

Fahrtenmesser	1. Etwas veraltetes Requisit, dessen Besitzer mit großer Wahrscheinlichkeit als ehemaliger Pfadfinder zu entlarven ist. 2. Erfahrener Kanusportler, dem die Aufgabe zufällt, die täglich zurückgelegte Fahrstrecke festzustellen.
Fahrwasser	Grundlage für jeden Kanusport. Sollte man nach Möglichkeit nicht verlassen, da die Fortbewegung im Kajak auf festem Grund, auch bei Einsatz aller Kräfte, unmöglich ist.
Faltboot	Der „Knirps" der Kajaks.
Faltbootgepäck	Leider verhält sich das Volumen des Bootes in Stabtasche und Rucksack umgekehrt proportional zum übrigen Gepäck wie Zelt, Küche, Klamotten u. ä. Wehe dem kinderreichen Kanuten und Besitzer eines Kleinwagens!
Fangleine	Das Lasso des Wassersportlers. Sollte immer griffbereit sein, um plötzlich auftauchende Hasen oder Bienen einzufangen. Auch manche Kanutin hat sich damit schon einen Windhund an die Leine gelegt, ganz zu schweigen von wilden Hengsten oder Zuchtbullen. Kann im übrigen auch verwendet werden, um das Boot am Paddel anzubinden, oder umgekehrt, da dann im Fall des Kenterns berechtigte Hoffnung besteht, eines von beiden zu erwischen.
Fenn	Tückische Grünfläche zwischen Wattenmeer und Marsch, die sich entgegen ihrem Erscheinungsbild amphibisch verhält und ahnungslose (süddeutsche) Camper im Gezeitenrhythmus durchfeuchtet.
Feuerstelle	Überbleibsel aus der Steinzeit, das dem Wanderfahrer die Abende vor dem Zelt ohne Fernseher verkürzt. Aus ökologi-

Fangleine
JRS

Fisch

schen Erwägungen bietet Greenpeace jetzt ein aufblasbares Set, in verschiedenen Größen, mit Solartechnik an.

Fieber Gemüt und Körper stehen unter Volldampf. Stellt sich bei Kanuten ein, wenn die Ekstase (siehe dort) nicht in Bewegungsenergie umgewandelt werden kann.

Fieren Nachgeben, auslassen. Empfiehlt sich im gemischten Zweier nach mißverstandenem Beinspiel, wenn die Abendstimmung im Gleichklang der Gemüter erlebt werden will.

Finnland Das Land der 30 000 Seen und der Mitternachtssonne, die man bei dortigen Paddeltouren dringend benötigt, um sich nicht gänzlich zu verirren und irgendwann wieder in die Nähe menschlicher Ansiedlungen zu gelangen.

Fisch Grundnahrungsmittel für Paddler, das sich ständig in greifbarer und sichtbarer Nähe unter ihm befindet, sich aber bei Bedarf verdrückt und nur mit List in die Pfanne zu hauen ist.

Fischform Bootsform, bei der die breiteste Stelle vor der Sitz-Luke ist. Läßt dem Fahrer zwar Freiraum für das Beinspiel (siehe dort), wird aber äußerst unstabil, wenn dessen Körperform die nämliche ist und der Schwerpunkt somit über der Luke liegt.

Fischtreppe Einrichtung an Staustufen, um Fischen deren Überwindung flußauf zu ermöglichen. Versuchen Kajaks flußab das gleiche, bleiben sie meist verkeilt stecken, da in heimischen Flüssen Fische dieser Größe kaum vorkommen.

Fjorde Schmale, von Felswänden umschlossene Meeresarme, die tief ins Landesinnere reichen, vornehmlich in Norwegen. Auf Ansichtskarten kann man herrliche Wasserfälle, tiefblauen

Himmel und Badenixen bewundern. Vor Ort ist es kaltgrau verhangen und keine Nixe weit und breit. Wie macht der Fotograf das nur?

Flaggengruß Höflichkeitsbezeugung zwischen Schiffen beim Vorbeifahren durch Dippen der Flagge. Der zunehmenden Vermassung des Kanusportes ist diese Ehrenbezeigung auch unter Paddlern leider dem Niedergang korrekten seemännischen Verhaltens zum Opfer gefallen.

Flaggschiff Auch Mutterschiff oder Küchendampfer. Zweier, in dem der Leiter der Jugendgruppe sitzt.

Flaute Sternstunde für jeden Kanuten auf Seen und Meer, wenn er mit lässigem Paddelschlag an den frustrierten Seglern vorbeischnürt.

Floß Hochseetüchtiges Wasserfahrzeug aus Planken des gesunkenen Schiffes, um dessen Passagiere aufzunehmen. Der Bau eines solchen aus Teilen des sinkenden Kajaks wird sich als schwierig erweisen.

Floßgasse Wasserrutsche an Wehren, um das Flößen zu ermöglichen. Oft nur für diesen Zweck geeignet. Für Faltboote und Kajaks aus dem oben genannten Grund (siehe Floß) nicht empfehlenswert.

Flußbett Das Bett, in dem sich der Fluß normalerweise wälzt. Hat der müde Paddler darauf vertrauend am Abend sein Lager an dessen unmittelbaren Rand aufgeschlagen, kann es dank ergiebiger Regengüsse am Oberlauf passieren, daß er sich am nächsten Morgen einige Kilometer weiter auf seiner Luftmatratze dümpelnd wiederfindet.

Flaute

Freikörperkultur

Fotoausrüstung Zum Dokumentieren gewagter Szenen, wie z. B. das Befahren der Niagarafälle, sollte unbedingt eine F. mitgeführt werden. Um das wertvolle Gerät vor Wasser zu schützen, sollte man es gut wasserdicht verpacken und tief im Boot verstauen. Gelegenheit zu schnellen Schnappschüssen haben dann allerdings nur Entfesselungskünstler.

Freikörperkultur Der Anblick nackter, nicht durch Textilien gebändigter Körper wird dem Kanuten kaum erspart bleiben, da viele Fluß- und Seeufer leidenschaftlich von Anhängern der F. frequentiert werden. Für sensible Ästheten empfehlen sich daher Scheuklappen, stramme Hosen und das Fixieren der Bootsspitze beim Vorbeifahren.

Fußruder Steuerung per pedes, die sich auf hoher See und stehenden Gewässern sehr angenehm auswirkt, aber auf Flüssen hinderlich wird. Ist die Strömung schneller als das Boot, schlägt das Ruder um, macht das ganze unsteuerbar und klemmt dem Kanuten auch noch die Zehen (siehe dort) ein.

G

Gabelheck Das abgehackte Ende von Schlauchbooten, das zwar im Vergleich zum Faltboot die Befestigung eines Motors erleichtert, aber dafür das Eindringen von Wasser beschleunigt, besonders bei zunehmender Fahrt.

Gaskocher Utensil der Fahrtenküche, das volle Töpfe kippen läßt, weil es immer schief steht, im Kajak stört, leer ist, wenn der Fisch halbgar ist, aber dem Besitzer dennoch das Gefühl vermittelt: Eigner Herd ist Goldes wert.

Gefälle

Wird in Promille angegeben, wobei der Meßwert umgekehrt proportional zum Zustand des Paddlers stehen sollte. Da der Höhenunterschied auf 1000 Meter gemessen wird, beginnt bei etwa 10 ‰ der „river of no return“.

Genickstarre

Schmerzhafte Halsverspannung eines züchtigen Kanuten nach dem Passieren mehrerer FKK-Gelände (siehe dort) an einem schönen Wochenende.

Gepäckträger

Die wahren Snobs unter den Kanuten leisten sich ihn, wie der Golfer den Caddy. Er hat diskret und unauffällig zu sein und soll seinem Herrn jegliche Arbeit abnehmen, ohne daß dieser damit behelligt wird. Aus Kostengründen kann man auch auf die Ehefrau zurückgreifen.

Gezeiten

Das Hin- und Herschwappen der Ozeane im 6-Stunden-Rhythmus.

Gieren

Das Heck überholt den Bug, was immer dann eintritt, wenn man gerade mit aller Kraft eine attraktive Kanutin überholt hat, was ihrerseits mit Sicherheit als plumper Annäherungsversuch mißverstanden wird.

Gleitsitz

Gesäßmassage für Ruderer, die von manchem Paddler auf großer Fahrt neidvoll begehrt wird, wenn noch kein Land in Sicht ist, das Hinterteil aber bereits schläft.

Gletscher

Speisen zum Entzücken der alpinen Kanuten gerade im Sommer Gebirgsbäche mit Wasser, wenn andere bereits ausgetrocknet sind.

Gepäckträger
PAPA TRÄGT DIE VERANTWORTUNG
JRS

Gummilösung

Golf	Dem Kanusport nicht verwandte Sportart, deren Anhänger sich weltweit an ausgesuchten Plätzen treffen, um über ihr Hobby zu reden, und eine Menge Ausrüstung mit sich führen, womit sie doch den Kanuten ähnlich sind.
Griechenland	Südeuropäisches Reiseland mit herrlichen Gebirgsflüssen, die aber nicht von Gletschern gespeist werden und deshalb nur im ersten Frühjahr befahren werden können, was trotz südlichem Ambiente arktische Ausrüstung erfordert.
Grönland	Größte Insel der Erde und Heimat der Eskimos. Ist fast das ganze Jahr von Eis und Schnee bedeckt. Man nimmt an, daß das Kajak deshalb von den Eskimos erfunden wurde, da sie es satt hatten, immer nur auf Eis herumzustehen und kalte Füße zu haben.
Großsegel	Faltbootzweier sind bisweilen so ausgerüstet, daß sie mit Besegelung gefahren werden können, was an Küsten äußerst bequem sein kann. Will der Kanute das Großsegel setzen, sollte er jedoch davon Abstand nehmen, zu diesem Zwecke den Mast zu entern, außer er möchte nahtlos zu dem Manöver „Mann-über-Bord“ wechseln.
Grundsee	Gründliche Welle, die im flachen Wasser z. B. beim Zusammenfluß von Wattströmen entsteht und Schiffe ohne sichtbaren Grund auf den Grund der See wirft.
Gummilösung	Wichtiges Reparaturmaterial für Faltboote. Es wird dringend empfohlen, nach Beendigung einer Reparatur die Hände gründlich von G. zu säubern, da es sonst später schwierig wird, das Paddel aus der Hand zu legen.
Gummisack	Meist wasserdichter, aufblasbarer Beutel zum Verstauen von Kleidung u. ä. Entwickelt bei Lagerung ein emsiges Eigenle-

Gumpen

ben, indem die gummierten Innenseiten vulkanisieren oder das textile Äußere ein apartes Lochmuster bekommt.

Gumpen Auswaschungen in rasch fließenden Gebirgsbächen, in denen das Wasser etwas verweilt und den Betrachter zum Baden einlädt, was jedoch wegen der eisigen Temperaturen zur spontanen Reduzierung der Länge der Extremitäten führt.

Gymnastik Als besonders wirkungsvolle und zeitgemäße G. gilt das Stretching. Solchen Übungen unterzieht sich der Kanute zwangsläufig mindestens zweimal pro Tag, wenn er Gepäck in der Bootsspitze und im Heck verstaut, sowie bei dessen Entladung.

H

Hadernkahn
1. Zweier, dessen Mannschaft kurz vor der Scheidung steht.
2. Liebevolle, bisweilen auch abfällige Bezeichnung für die ersten Kajaks aus Stoff und Zeltbahn.

Härter
1. Ehrgeiziger Trainer eines Kanuklubs.
2. Hilfsmittel für ungeduldige Bootsbauer, die nicht warten können, bis sich Glasfiber und Polyester von allein verbinden.

Halsen Richtungsänderung bei Besegelung durch Umlegen des Großbaumes, wodurch man sich auch gleich unliebsamer Passagiere entledigen kann. Der Versicherungsfall ist durch ständige Rechtsprechung anerkannt.

Hauszelt	Mobile Behausung für Leute, die ungern ihre gewohnte Umgebung verlassen und daher möglichst ihren gesamten Hausrat mitnehmen, getreu dem Motto: „Trautes Heim, Glück allein“.
Hebelwirkung	Kraft, die durch langen Kraftarm große Lasten bewegen kann. Erlahmt der Arm, wird die Kraft armselig und der Drehpunkt muß verkürzt werden. Der Paddler beherrscht Archimedes’ Prinzip und faßt das Paddel länger.
Hecht	Kajaklehrer, der mit der Abiturklasse eines Lyceums auf Wanderfahrt geht. Hat er diese ohne größere Anfechtungen der Teilnehmerinnen und Beschwerden der Sorgeberechtigten bestanden, ist er ein toller Hecht.
Herd	Erfahrene Hasen raten jungen Spunden gerne, sich zu prüfen, bevor man sich ewig bindet. Als besondere Prüfung gilt eine längere gemeinsame Kajakfahrt, bei der sich Belastbarkeit rasch zeigt. Da Liebe bekanntlich durch den Magen geht, kann die Auserwählte dabei gleich ihre Kochkunst unter Beweis stellen, was unter den erschwerten Bedingungen weniger mit Kochen als mehr mit Kunst zu tun hat. Übertrieben wäre allerdings, extra einen Herd mitzuführen. Ein Gaskocher tut’s auch.
Heringe	1. Kleine, in Öl eingelegte Fische in Dosen, auf die man am meisten Appetit hat, wenn man den Dosenöffner vergessen hat. 2. Hinterlistige Befestigung für Zeltschnüre, die im Ernstfall nicht halten, im Normalfall kaum aus dem Boden zu bringen sind, in den sie sich anfangs nur sehr schwer einschlagen ließen. Nachts werden sie leicht zu Fußangeln, wenn

BOH
TOM
JRS

Hinterwäldler

man sich besonders leise an das Zelt der Nachbarin heranpirscht.

Heurich	Alfred, Erzvater aller Faltbootfahrer und Flußwanderer. War in sein 1905 entwickeltes Patent des zusammenklappbaren Bootes so verliebt, daß er nach demselben Prinzip Bücher fabrizierte. Diese Leporello-Alben waren die ersten Flußwanderkarten.
Hinterwäldler	Engstirniger Besitzer von Flußwiesen, der nicht willens ist, größere Ansammlungen von Kanuten auf diesen zelten zu lassen, indem er vorgibt, daß er diese noch für landwirtschaftliche Zwecke benötigt. Besonders hinterhältige H. treiben während der Saison ihre Bestien zum Weiden an den Fluß, wo diese stinkende braune Fladen fallen lassen, wenn sie nicht gerade bis zum Bauch im Wasser stehend den Paddlern nach dem Leben trachten.
Hochseekanu	Segel- und paddelbares Kanu aus der Südsee, Vorläufer des Katamaran, mit einer Plattform zwischen Ausleger und Bootskörper, die als Liegewiese für Hulamädchen dient.
Hochtakelung	Outfit einer übertrieben modisch durchgestylten Sportskameradin.
Hochwasser	Verjüngungskur für Wildflüsse, bei der sie sich entschlacken und entrümpeln und teilweise ihr Outfit so verändern, daß sie kaum wiederzuerkennen sind.
Hölderlin	P. R.-Manager des Rheines Ende des 18. Jahrhunderts, der dessen Ursprung im oberen Engadin besungen hat.
Holz	Natürlicher Werkstoff, der dem Paddler in verschiedenster Art von Nutzen ist: als Stützkorsett der Faltboothaut, als

	Paddel, zur Befriedigung des Aberglaubens („Faß H. an!“) und, wenn alles nichts nützt, als Brennmaterial zum Trocknen.
Hydrologie	Die Lehre vom Wasser, die jeder beherrschen sollte, ob er sich nun in oder auf dieses begibt, oder Wasser in sich aufnimmt und wieder von sich läßt.

I

Idealist	Kanute, der sogar noch dem Ruhrkanal romantisches Flair nachsagt.
Idylle	Abendstimmung an Gewässern nach dem Abzug der Badegäste, Voyeure, Angler und Naturisten bis zum Überfall der ersten Mückenschwärme.
Iglu	Kreisrunde, kuppelförmige Hütte aus Schnee und Eisblöcken, die Eskimos im Winter Schutz bietet. Bekommt der Nordseekanute I.'s sie zu Gesicht, liegt der Verdacht nahe, daß er zu weit nach Norden abgetriftet ist.
Indianer	Buntbemalte, rotgesichtige, wilde Schreie ausstoßende Menschen zu Pferd oder im Kanu. Sieht sich der Kanute von solchen umgeben, ist entweder Karneval im örtlichen Reit- und Fahrverein bzw. Kajakklub, oder er sollte die Flußkarte prüfen, ob er sich etwa am oberen Amazonas befindet, und schleunigst das Weite suchen.

Idylle
JRS

Jodeln

Industriewasser	Dem natürlichen Flußlauf entnommenes Wasser, das diesem chemisch raffiniert aufbereitet wieder zugeführt wird, ähnlich der Eigenblutbehandlung in der Medizin. I. muß heute in seiner Zusammensetzung der EG-Norm entsprechen und bakteriologisch einwandfrei sein. Doch erhöhte Temperatur und der hohe Anteil von Phosphaten läßt, sehr zur Freude der Angler, Fische das doppelte Normmaß erreichen.

J

Jagd	Weidgerechtes Erlegen der Beute. Hat ein Kanute eine solche ins Auge gefaßt, sollte er sich mit Witz und Charme und unter Einsatz seiner Kajak-technischen Möglichkeiten dieser nähern. Plumpe Anmache ist verpönt.
Jahreszeiten	Wechselndes Wetter und Temperaturen im Laufe eines Jahres, die aber den wahren Sportsmann selten von seinen Unternehmungen abhalten, es sei denn, Gewässer haben Dank sibirischer Kälte ihre Oberfläche mit dickem Eis stabilisiert.
Jodeln	Textloses Aneinanderreihen von schrillen Tönen, das Paddler ausstoßen, wenn der Schmerzpegel durch das Fallenlassen des vollbepackten Bootes auf den bloßen Zeh plötzlich hochschnellt.
Jolle	Kleines, offenes, segelbares Boot, das Kanuten mit Verachtung strafen, da Kajaks schneller, wendiger und seetüchtiger sind; außer bei der beliebten, gleichmäßigen steifen Brise, mit der Jollensegler auf Kollisionskurs gehen, um Paddlern übertrieben freundlich den Tagesgruß zu entbieten.

Kanupolo

Jung C. G.	Entdecker der Archetypen. Nach ihm existiert das Boot als platonische Idee, woraus resultiert, daß Bootfahren ein sekundärer menschlicher Urtrieb ist. Die Kenntnis der primären Triebe wird vorausgesetzt, wobei empfohlen wird, ihnen während einer Wildwasserfahrt nicht hemmungslos nachzugeben.
Jura	Poröses Kalksteingebirge, Vater von zahlreichen paddelbaren Flüssen, nicht zu verwechseln mit Juristin, die höchstens die Mutter vieler Paddler sein kann.

K

Kabbelsee	Lustiges Wellenspiel beim Zusammentreffen verschiedener Strömungen, das schon manchen Kanuten in ernste Schwierigkeiten gebracht hat.
Kajak	Der Sportwagen aller paddelbaren Wasserfahrzeuge, dessen Besitzer auf den Rest der „Paddler“ mit Verachtung blickt.
Kanu	Sammelbegriff für alle Boote, die mit Paddel in Blickrichtung bewegt werden, wobei die Frage auftaucht, ob der Versuch eines genervten Seglers, bei Flaute aus seiner Jolle ein K. zu machen, gewertet werden kann.
Kanupolo	Torspiel für Polofreaks, die auf die aufwendige Pferdehaltung verzichten und sich der pflegeleichteren Kajaks bedienen.
Kanute	Das Männchen einer sich immer mehr verbreitenden Amphibienart, die man vom beginnenden Frühjahr bis weit in den

Spätherbst an allen größeren Gewässern beobachten kann. Besonders auffällig ist die Färbung; Gesicht, Arme und Oberkörper bis zur Taille sind stark gebräunt, auch ein runder Fleck auf den Oberschenkeln, wogegen sich der Rest vornehmer Blässe erfreut.

Kanutin Das Weibchen der oben beschriebenen Spezies. Während der ersten Aufzucht der Brut hütet es meist das Nest und ist höchstens mit derselben am Ufer auszumachen. Werden die Jungen flügge, nehmen die Alten sie gerne auf das Wasser mit, wo man beobachten kann, wie sicher sie in diesem Element sind.

Karst Hautunfreundliche Gesteinsart, bei der alles Abrundende im Lauf der Jahrtausende ausgewaschen wurde und nur das Härteste, zum Teil bizarr geformt, übriggeblieben ist.

Karstflüsse Wasserläufe durch Karstgestein, die häufig, der harten Kanten müde, ihren weiteren Verlauf unterirdisch fortführen.

Katarakt Die sechs berühmtesten dieser oft verblockten Stromschnellen dienten schon den Pharaonen am Nil als Tummelplatz. Wie unbeweglich deren Boote, gemessen an den heutigen Sportkajaks, waren, lassen ägyptische Flußbeschreibungen erkennen. Hinunter ging es flott, aber das Hinauftreideln im Katarakt dauerte bis zu acht Stunden. Ein gut durchtrainierter Kanute schafft es locker in einer.

Kehrwasser Das nach Hindernissen oder an Ufern zurücklaufende Wasser, das Gekenterten die Möglichkeit gibt, ihre sieben Sachen wieder einzusammeln.

Kentern Auch „Baden gehen“, „Fünf-Markstück-suchen“, „Umschmeißen“, „Auf Tauchstation gehen“. Ist wirklich lustig,

Katarakt
JRS

Klemmsitz
Könnten Sie mein
Paddel nehmen?
JRS

wenn es anderen passiert, wogegen das eigene Malheur von Banausen immer falsch gesehen wird. Merke: Wer den Schaden hat, spottet jeder Beschreibung.

Kiellinie

Sichtbarer Beweis für die Gradlinigkeit von Kanuten. Da man auch hier Zick-Zack fahren kann, was scharfe Beobachter mit starkem Alkoholgenuß in Verbindung bringen, sollte man das stark gierende Boot (siehe dort) zur Sprache bringen. Will man nicht für einen Anfänger gehalten werden, empfiehlt sich ersteres.

Kielwasser

1. Getränk zum Beeinflussen der Kiellinie.
2. In ihm, hofft jeder Vater, möge der Sprößling ihm einst hinterherpaddeln.

Kippeln

Großer Spaß hinterhältiger Kavaliere, der mitfahrenden Freundin damit Angst einzujagen, um ihr anschließend durch Drücken (siehe dort) wieder Mut zu machen.

Klamm

1. Zustand der Finger bei einer Paddeltour, die man entweder zu früh oder zu spät im Jahr unternimmt.
2. Akute Geldnot des Kanuten in der Wirtschaft.
3. Felswände, die den Fluß „eingeklemmt" haben.

Klauenschnalle

Auch Handschelle. Hält, am Ende eines Gurtes befestigt, Abtrünniges bei der Stange, Kajak am Bootswagen und Sitzgelegenheiten im Boot.

Klemmsitz

Sitz eines übergewichtigen Kanuten. Da sich das Aussteigen für ihn als besonders schwierig erweist, empfiehlt es sich, zwei kräftige Freunde mitzunehmen, die ihn nach Beendigung des Ausfluges einfach auskippen oder wie einen Korken aus der Flasche ziehen.

Klepper, Johann Tapferes Schneiderlein aus Rosenheim, das die Erfindung des zusammenklappbaren Bootes von Heurich in die Tat umsetzte und der erste und erfolgreichste Hadernkahn-Produzent der Welt wurde. Historiker streiten über die Frage, ob der berühmte Klepper-Gummimantel, Markenzeichen von Generationen von Oberlehrern, aus den Produktionsresten der Bootshäute gefertigt wurde, oder die Bootshäute aus den Mantelresten.

Körperpflege Da K. weitgehend mit Wasser in Verbindung gebracht wird, tut sich der Kanute leicht. Für die kleine Wäsche genügt meist eine Eskimorolle, gründliche Reinigung kann man beim Kentern erledigen. Zur Zahnpflege reicht ein desinfizierender Schluck aus der Bordapotheke.

Kohlrausch

1. Zustand nach übermäßigem Genuß von Alkohol während einer bestimmten politischen Versammlung.
2. Prof. Dr., berühmter Hygiene- und Sportarzt, der schon früh zu der Erkenntnis kam, daß Kleidung beim Sport nur schadet (siehe Bekleidung).

Kreuzsee Wellen, die aus verschiedenen Richtungen kommend aufeinandertreffen und dabei jedes Vorfahrtsrecht mißachten.

L

Lamentieren Unmutsäußerungen der Truppe gegen Abend, wenn weit und breit kein Lagerplatz in Sicht ist.

Laminieren Hier zeigt sich der wahre Künstler unter den Eigenbauern, wenn er mit virtuosem, an seiner Freundin geübtem Finger-

Körperpflege

Lappen

	spitzengefühl aus Kunstharz und Fiberglas seine Schale — das Laminat — formt.
Lappen	Endzustand eines Faltbootes, nachdem es sich grazil durch einen verblockten Schwall geschlängelt hat, um sich dann innig um einen Brückenpfeiler zu schmiegen. Das Innenleben besitzt dann Streichholzformat.
Leck	Plötzlich auftretendes Loch an der Bootsunterseite. Den Schaden eines kleineren L. kann man gegebenenfalls durch Auflecken des eindringenden Wassers beheben (daher der Name), während ein größeres L. das Kajak schnell in ein Unterseeboot verwandelt.
Leuchtraketen	Aus Sicherheitsgründen ist auf hoher See das Mitführen von L. dringend zu empfehlen. Sieht der Hochseekanute diese am Horizont aufleuchten, sollte er schnellstens zu Hilfe eilen. Mit Sicherheit findet auf einer Yacht eine feuchtfröhliche Fete statt, wo dringend noch ein Tänzer gebraucht wird.
Lindemann	Dr. Hannes, hat in 72 Tagen den Atlantik allein im Kajak überquert. Unklar ist, warum er für die einsame Unternehmung einen Zweier wählte. Wahrscheinlich schloß er die Begegnung mit einer seekranken Seejungfrau nicht aus. Leider schweigt sich Herr Dr. L. darüber aus, ob er Erste Hilfe leisten konnte.
Loch	1. Ärgernis erregende Erscheinung an Bootshäuten, Zelten und Textilien aller Art, die durch die Abwesenheit sichtbarer Materie glänzt. 2. Gewässer in Schottland und Irland, die Heimstatt für Fabelwesen wie Nessi sind.

Luftmatratze

Etwas veraltetes, aber dennoch nützliches Utensil zur Gewährleistung der Nachtruhe, vornehmlich im Zelt. Verhält sich jedoch seinem Besitzer gegenüber meist heimtückisch, indem sie entweder zu hart aufgeblasen ist, und bei dem Versuch, die nötige Menge Luft abzulassen, gleich alles von sich pfeift, oder diese heimlich in der Tiefschlafphase durch ein verborgenes Loch entläßt. In Ermangelung eines Chiropraktikers fällt der so geschundene Kanute durch eckige Bewegungen auf. Die verbale Äußerung dazu lautet: „Heute nicht, Liebling."

M

Machete

Buschmesser aus Südamerika. Mit diesem ausgerüstet fühlt sich jeder Naturbursche wie Che Guevara im Regenwald.

Mäander

Völlig orientierungsloser Fluß in Kleinasien, der es nur mit Mühe schafft, nicht im Kreise zu fließen. Die alten Griechen waren von diesem konfusen Flußlauf so fasziniert, daß sie das Muster seines Laufes schematisiert auf Stoffen, Bordüren und Mosaiken überlieferten.

Mahlsand

Gefräßige Sandbänke, die ganze Schiffe verschlingen können. Von verspeisten Kanuten ist bisher nichts bekannt geworden, sei es, daß die schmalen Boote der Aufmerksamkeit des M. entgangen sind oder die Hinterbliebenen eines Verschwundenen die Kosten für die Trauerfeierlichkeit scheuten.

Mahlsand
ACH ... ICH MUSS GARNICHT MEHR ..
JRS

Mühlen
JRS

Mannschaft

Bunt zusammengewürfelter Haufen von Sportskameraden, deren einziges Ziel es ist, andere bunt zusammengewürfelte M.-en über den Haufen zu rennen.

Meere

$\frac{2}{3}$ der Erdoberfläche, aus H_2O mit hohem Nitratgehalt bestehend, die einige Millionen Jahre ihr biologisches Gleichgewicht wahren konnten, die der Mensch aber dank seiner unglaublichen Intelligenz und Fantasie in den letzten hundert Jahren zu zerstören droht. Dennoch sind vor allem die Ränder beliebter Aufenthaltsort aller Überlebenskünstler.

Memminger

Schneidiger bayerischer Wildwasserfreak, der es auch im schwierigsten Schwall und in der verwegensten Schlucht noch schafft, seine Filmkamera nicht aus der Hand fallen zu lassen und somit seiner Fan-Gemeinde bei abendlichen Filmvorführungen wohlige Schauer über den Rücken jagt.
Neuerdings filmt er auch das Weiße im Auge der Eisbären.

Minimalausrüstung

Reiseutensilien von Asketen, Fakiren und Büßern; bewährt sich aber im schweren Wildwasser, wo jedes Gramm mehr die Manövrierfähigkeit und die Chance des Ankommens mindert.

Mücken

Gelsen, Culiciden, gehören zur Gattung der Langhörner. Zierliche, weibliche Dämmerungsflieger, die den Kanuten in der beschaulichen Abendstimmung vor dem Zelt zum Veitstänzer werden lassen. Alter Volksmund: Die Paddler mit den Mücken fechten, obwohl sie lieber . . . . . möchten.

Mühlen

Nostalgische Vorgänger der ungeliebten Kraftwerke, die zwar ebenfalls durch Wehre die ungehinderte Weiterfahrt vereiteln, deren Barrieren aber aus Altersgründen oft zerfallen sind und reizvolle Durchlässe bieten. Nur Pedanten setzten sie jährlich instand und verhinderten damit jegliche Romantik.

N

Naßbiber	1. Nasses Nagetier in Auwäldern. 2. Schutzschicht zwischen Mensch und Wasser aus aufgeschäumtem Neopren. Das An- und Ausziehen eines N. läßt den Kanuten zum Moriskentänzer werden. Dafür soll die aufgeschäumte Zwischenschicht wohlig naß-warm halten. Es stellt sich die Frage, was unternehmen die Träger bei plötzlichem Harndrang?
Naturwehr	Natürlicher Abfall im Flußlauf, der auch dem sanftesten Wiesenfluß einen Hauch von Wildwasser verleiht.
Niederwasser	Wasserstand unterhalb von Brauereien, Viehtränken, Feuerwehr-Übungswiesen, die dem Fluß unmäßig viel Wasser entziehen. Erst nach einem Kinderschwimmbad ist der Wasserstand wieder der alte.
Nipptide	Das Gegenteil von Springflut. Hier ist das Meer dem Mond nachgelaufen und gibt der normalen Ebbe noch einen Schlag drauf.
Nordsee	Einst von vielen schaurig-schönen Balladen besungenes nordisches Meer, das den Ruf genießt „Nordsee ist Mordsee“, wovon heute allerdings wegen der extremen Verschmutzung Seehunde und Wasservögel und Fische betroffen sind.

O

Oase	Lauschiger Biergarten in einem Flußtal, durch das kein Trimmpfad, Europa-Wanderweg, Radweg und keine „Romantische Straße“ führt.

Naßbiber

Ob
JRS

Ob	Obwohl er der längste Fluß Sibiriens ist, wird von seiner Befahrung außerhalb der drei Sommermonate abgeraten, außer man ist im Besitz eines Patentes, das Kajak schnell in einen Hundeschlitten umzuwandeln. Nur so könnte man ungehindert das nördliche Eismeer erreichen.
Ohrwurm	1. Melodie, die dem Sportsmann bei rhythmischer Paddelbewegung in den Sinn kommt und tagelang bei dieser Tätigkeit treu bleibt. 2. Kleiner brauner Krabbelkäfer, der sich mit Vorliebe in dunklen, leicht feuchten Ritzen aufhält und dem somit keine Luftmatratze, Kleidersack, Vorratstüte etc. heilig ist.
Olympiade	Im Vier-Jahres-Turnus stattfindende Sportspiele für die Jugend der Welt, die idealistisch, selbstlos und fair sein soll. Diese ist umringt von einem Heer von Funktionären, Geschäftemachern und Dopern, die den Aspekt der Spiele ad absurdum führen.
Omelett	Häufigste Speise von Paddlern in einsamen Gegenden, wo die Bauern nichts anderes als Eier zu verkaufen haben. Bei zaghafter Nachfrage entwickeln sie sich zu wahren Verkaufsgenies, stöbern in allen Ecken auch noch die ältesten Eier auf und verfolgen Kanuten bis in die Schlafsäcke. Nach tagelangem Verzehr von O. wird der Kanute zum Egghead.
Ostern	Fröhlicher Startschuß in die neue Kanusaison.
Ostsee	Pendant zur Nordsee, in der sowjetische U-Boote regelmäßig ins Netz gehen. Von einem Schleppnetz am Kajak ist abzuraten, außer man möchte zügig Leningrad erreichen.

P

Paddel	Längliches Gerät aus Holz, dient der Fortbewegung im Kajak. Läßt man es in der Freude des Aufbruchs zu Hause liegen, kann man nur noch die Teilnahme an Gaudirennen in Ferienorten in Erwägung ziehen.
Paddelstütze	1. Willige Gefährtin im Zweier, mit ausgeprägter Oberarmmuskulatur. 2. Einsteighilfe in kippelige Boote, indem man sich mit dem Paddel am Ufer abstützt. Gleiches auf dem Wasser soll vorzeitiges Aussteigen verhindern.
Pegel	Maßstab für den Wasserstand. Gilt für alle fließenden, stehenden, genossenen, alkoholischen und drückenden Gewässer.
Perle	Juwel jedes Kanuklubs. Ist eine P. mit auf großer Fahrt, ist von vorneherein beste Organisation der Küche gewährleistet und für das leibliche Wohl der Truppe gesorgt. Man unterscheidet zwischen Fluß- und Seeperlen.
Pfähle	Hinterhältige Hindernisse, die knapp unter der Wasseroberfläche enden und nichtsahnende Kanuten magisch anziehen. Ursprung und Daseinsberechtigung bleiben meist ein unerforschliches Geheimnis.
Pilz	1. Nach Fisch (siehe dort) Grundnahrungsmittel für Flußwanderer. Vom Wasser aus sieht man sie haufenweise am Ufer stehen, aber bei Bedarf findet man nur Boviste, Stinkmorcheln und Fliegenpilze. 2. Pilzförmig von unten durch die Strömung brechendes Wasser.

Paddel
JRS

Pirat
JRS

Pirat Paddelnder Einzelgänger, der sich abends unter Vorspiegelung falscher Tatsachen Gruppen nähert, um sie durch Gesang um Wein und Weib zu bringen.

Po
1. Der auf langer Fahrt am meisten in Mitleidenschaft gezogene Körperteil, Schwielenbildung nicht ausgeschlossen.
2. Größter Fluß Italiens, der von schönen Auwäldern eingesäumt zum Befahren einlädt, wovon aber dringend abzuraten ist, da wegen des konzentrierten Nitratgehalts und anderer Chemikalien der Fluß das Prädikat „ächt ätzend“ erhalten hat.

Prallwasser Stark strömendes Wasser, das auf eine Felswand o. ä. prallt, dabei einen Buckel macht und ab- bzw. umwirft, was sich gerade darauf befindet.

Priel Nicht zu verwechseln mit einem das Wasser entspannenden Spülmittel! Reißender Bach im Wattenmeer, dessen Existenz die Flut vertuscht und die Ebbe lahmlegt, der sich dafür in der Zwischenzeit mit jeweils geänderter Richtung um so vehementer austobt.

Q

Quälen Masochistisches Gebaren von Schleusenwärtern, die den noch fünf Kilometer entfernten Paddlern per Lautsprecher das Schließen der Schleuse ankünden.

Qualität Beschaffenheit, Güte und Wert einer Sache. Die Qu. von Wasser, Material und Mensch stehen oft in keinem Zusammenhang. So kann ein guter Mensch in einem schlechten

Boot auf einem durchschnittlichen Gewässer paddeln, oder ein schlechter Kanute mit bester Ausrüstung auf einem Quellfluß . . . Alle Variationen sind denkbar, aber nicht ausführbar.

Quallen Medusen, frei schwimmende, glibberige Hohltiere in Meeren. Interessant für Kanuten ist deren Fortbewegungsart. Mittels Pumpbewegung des ganzen Körpers scheinen sie mühelos durchs Wasser zu schweben. Pumpt ein Kanute, hat er sich übernommen.

Quelle Ursprung jedes Flusses, der in den seltensten Fällen befahrbar ist, obwohl es von Erstbefahrungs-Fanatikern immer wieder versucht wird.

R

Regen Nasse Witterung, die der Kanute bei seiner Fahrtenplanung ausschließt, auf Fahrt hinnimmt, da er von unten eh schon naß wird, aber nachts, wenn er sich wohlig im trockenen Zelt räkelt, lustvoll genießt.

Rennkajak Rennboot für stehende Gewässer, die es als Einer, Zweier oder Vierer gibt. Sie sind so schmal, daß normale Figuren kaum hineinpassen (siehe auch Klemmsitz).

Rettungsweste Aufblasbares Ding, auf dem man bei Rast auf Geröllbänken bequem sitzen kann. Wird außerdem gerne in geselliger Runde am Lagerfeuer getragen, da sie wärmt und zusätzlich vor hautnahen Annäherungsversuchen des anderen Geschlechts rettet.

JRS

Robben

Rittlinger	Herbert. Kleiner Sachse mit großer Neugier, der Kurden, Amazonaskopfjäger, Äthiopier und etliche Urwaldindianer Südamerikas schockte, indem er im Faltboot ihre Flüsse herunterschwamm. Als „Dichter im Paddelboot“ wurde er zur Kultfigur des Kanusportes.
Robben	Artistisch brillantes Empfangskomitee, von dem Kanuten bei Nordmeerüberquerungen spielerisch an Land begleitet werden, spätestens vor Neufundland.
Rucksack	Praktisches Behältnis, mit dem man noch die Ausrüstungsgegenstände transportieren kann, die nicht mehr in das Kajak passen. Bei großem Gewicht liegt der Schwerpunkt der Einheit Mensch — Boot zu hoch, mit der Tendenz, daß sich der Teil Mensch zum Wasserspiegel neigt.
Rundschlag	Einkaufstour einer größeren Gruppe von Kanuten vor längerer Fahrt in einer örtlichen Gemischtwarenhandlung, deren Regale danach bei Fertigsuppen, Dauerwürsten, Eintopfgerichten und hochprozentigen Heilwässern leergefegt sind.

S

Salzwasserunion	Nicht zu verwechseln mit einem Firmenverbund Salzwasser produzierender Anlagen. Seekajakclub, dessen Mitglieder sich in Küstenregionen tummeln und um deren Erhaltung kämpfen.
Sand	Pulverisierter Felsen, der an Stränden himmlisch, in Boot und Zelt teuflisch ist.

Saugwirbel Kajaks-ansaugende große Wirbel. Um die Angst davor zu verlieren, empfiehlt es sich, Studien in der Badewanne zu treiben. Man zieht einfach den Stöpsel heraus und läßt kleine Gegenstände in den Wirbel treiben.

Schleuse Fahrstuhl für Schiffe in größeren Flüssen und Kanälen, an dem auch Sportboote partizipieren. Ärgerlich für Kajakfahrer ist der Umstand, daß an kleineren Wanderflüssen Kraftwerke den Bau von S.-en unterlassen haben, weil sie aus purem Geiz keine Beratungsverträge mit Kajakverbänden abgeschlossen haben.

Schlucht Gegend, in der die Felswände bedenklich nahe zusammenrücken, die Landemöglichkeiten rar werden und der Aufstieg zum nächsten Wirtshaus alpine Klettererfahrung erfordert.

Schwall Ungebremster Redefluß einer mitteilsamen Begleitperson, den sie nur unterbricht, wenn eine größere Stromschnelle ihre Aufmerksamkeit erfordert.

Schwierigkeitsgrade Vom DKV erarbeitete Beurteilung von Fließwasser in 6 Kategorien, die aber individuell anders empfunden wird.

Seegang Oft probiert, aber nicht durchführbar ist der Versuch, über Wasser zu wandern. Bekanntlich ist dieser bisher nur einmal am See Genezareth gelungen.

Seekarten Bei Rast auf hoher See sind Karten ein willkommener Zeitvertreib, da an Aussteigen nicht zu denken ist. Alleine legt man Patience, zu zweit kann man gut Schnapsen und Watten, Skat für drei, Schafkopf, Tarock etc. . . . Ist der ganze Kajakklub unterwegs, eignet sich nur noch Rommé.

Seegang

Sog
JRS

Seekrankheit	Befällt vornehmlich Passagiere auf Kreuzschiffen bei bewegter See, die dann an der Reling hängen und versuchen, Paddler mit unverdautem Käptens-Diner zu treffen. Daher verbietet sich bei schlechtem Wetter die Annäherung an solche Schiffe.
Seilfähre	Seitliches Bewegen des Bootes gegen den Strom, eine leichte Übung für Geometer, die den richtigen spitzen Winkel analog zur Fließgeschwindigkeit mit dem kleinen Zeh messen.
Sicht	Der Kanute ist zwar nicht so sehr auf gute Sicht angewiesen wie der Sportflieger, dennoch gilt die Faustregel: Ist die Bootsspitze nicht mehr erkennbar, sofort beidrehen und Anker werfen. Nach der Seestraßenordnung gilt das Nebelsignal: jede Minute 5 Sekunden langes Läuten mit der Glocke.
Slalom	Prüfung in der Disziplin des Hindurchschlängelns zwischen Stangen, ohne Anstoß zu erregen.
Sog	Magische Kraft, von Wildflüssen ausgehend, die Paddler beim Anblick derselben unvermittelt erfaßt und zu sich hinzieht.
Spiegelgefälle	Glatt abfallende Wasserfläche an Wehren, die wie alle Spiegel dem flüchtigen Betrachter heile Schönheit vorgaukeln, um ihn anschließend in die scheußlichsten Walzen und Brecher zu werfen.
Spritzdecke	Von Urologen empfohlene Abdichtung zwischen Mensch und Boot, die sich entgegen ihrer ersten Bestimmung meist contraproduktiv verhält: Der erste Schwall verwandelt das Boot in eine arktische Sitzbadewanne, wogegen sie im Fall des

	Kenterns eisern hält und den Sportsmann in den Genuß eines echten Survival-Trainings kommen läßt.
Spritzwasser	Umherfliegendes Wasser, das bei neckischen Wasserspielen auf Menschen trifft, die sich darüber wesentlich weniger freuen als der Verursacher.
Stechpaddel	1. Für den Kampfsport entwickeltes Paddel, das einen Degen ersetzt, wenn es heißt, den Nebenbuhler zu erledigen. 2. Großes, spatenähnliches Paddel zur Fortbewegung im Canadier (siehe dort).
Stromschnelle	Beschleunigung des Flusses nach vorangegangener Trägheit, um sein Soll der Durchschnittsgeschwindigkeit zu erfüllen.
Stromzunge	Der Teil der Stromzunge, der das Übersoll erreicht.
Strudel	1. Mehlspeise aus Bayern und Österreich. 2. Wirbel der Wasserleidenschaft, der schon manchen Kanuten in den Abgrund gezogen hat.
Süllrand	Vorrichtung zum Einhängen der Spritzdecke rund um die Sitzluke. Verhält sich genauso hinterhältig wie diese (siehe dort). Zuerst bricht man sich die Hälfte aller Fingernägel ab, um die Spritzdecke im S. zu befestigen, und bei ihrer Entfernung geht der Rest der Nägel flöten.

T

Taktik	Der Versuch, den/die Nebenbuhler/in unter Ausnutzung aller logistischen, technischen und geistigen Möglichkeiten aus der Bahn zu schlagen, um mit der/dem Angebeteten alleine auf große Fahrt zu gehen.

Stechpaddel
JRS

Treideln

Taschenlampe	Tragbare, vom Kabel unabhängige Lichtquelle, die bei Tageslicht einwandfrei funktioniert, aber bei dringenden Erledigungen nachts ihren Dienst, die Beleuchtung der Tasche, verweigert.
Tauchanzug	Benötigt jeder Seefahrer in kälteren Breiten, um einen Schaden am Unterwasserschiff zu orten. Kanuten sollen von der üblichen Rolle rückwärts bei Tauchbeginn Abstand nehmen, da sich sonst das Unterwasserschiff nach oben kehrt und somit der Zweck des Tauchganges hinfällig ist.
Tauchen	Schabernack, den Kanuten mit Zuschauern treiben: Da im gekenterten Boot viel Luft zum Atmen verbleibt, tauchen sie dort so lange hinein, bis die ersten Damen in Ohnmacht fallen und die Wasserwacht anfährt.
Technik	Durch Übung, Beobachtung und Erfahrung errungene Fähigkeit, ein Kajak genau dorthin zu steuern, wo man die größte Beachtung findet.
Treideln	Möglichkeit, sich die Beine zu vertreten, bei der man aber nicht die Bootsleine aus der Hand lassen sollte, außer man hat vom Paddeln genug und will ab sofort lieber wandern.
Trichterwirbel	Kreisförmig nach unten wegdrehendes Wasser, in dessen Mitte sich das „Auge“ befindet. Je größer der Wirbel, um so intensiver kann man ihm ins Auge schauen. Der Ausdruck „mit dem Auge verschlingen“ kommt daher.
Triebsand	Völlig einsam gelegene Sandbank, auf der man es treiben kann. Sand, der später an empfindlichen Körperstellen reibt, ist gleich als T. zu erkennen.

Triften Aus der Mode gekommener Spaß, den sich Flößer mit den Paddlern leisten, indem sie Baumstämme in ungeordneter Reihenfolge einen Gebirgsfluß hinuntertreiben lassen, von denen sich etliche wirr verspießen. Befahren danach Kajaks diesen Fluß, werden hohe Wetten abgeschlossen, welches durchkommen wird.

U

Unterschneiden
1. Das Gegenteil von Aufschneiden, z. B. die Erzählung eines schüchternen Kanuten von der Befahrung der Salzachöfen.
2. Im falschen Winkel eingetauchtes Paddel, mit dem man dann einen „Frosch“ fängt.

Unterwasserschiff Völlig überladenes Kajak.

Uranus Achter Planet unseres Sonnensystems mit mehreren Trabanten. Auf einem dieser Monde hat die Voyager jüngst Seen und Flüsse entdeckt, die von rührigen Kajak-Reiseveranstaltern bereits in ihr Programm aufgenommen werden. Ist man an dieser Unternehmung in den nächsten Jahren interessiert, empfiehlt es sich, Urlaub zu sparen, weil allein die Anreise zwölf Jahre dauert.

Urquell Biersorte aus Böhmen, die dem Paddler am Ende eines heißen Tages zum Quell der Freude wird.

Urschrei Schrei eines frischgeborenen Wildwasserfreaks, nachdem er mit Erfolg die erste 3er Stelle bewältigt hat.

Triften

Wale

V

Verblockung	Wegen starkem Paddleraufkommen ist man auf einigen Flüssen wie Ardeche, Tarn und neuerdings auch auf der Alz dazu übergegangen, Boote blockweise abzufertigen. Badende haben damit die Chance, unbeschadet einige Meter schwimmen zu können.
Vereinsorgan	Beliebter Vereinskamerad, der auf keiner Feier fehlen darf, weil er über blöde Witze am lautesten lacht.
Versorgung	Was in südlichen Breiten legal und preiswert zu haben ist, stellt an nordischen Küsten ein erhebliches Problem dar: die V. mit Alkoholika. Zwar gibt es dort genügend illegale Brennereien, aber das Produkt eignet sich höchstens zum Desinfizieren von kleineren Wunden.

W

Wale	Das Liebesspiel dieser possierlichen Säugetiere gilt unter Kennern als Naturereignis sensationellen Ausmaßes. Kajakfahrer sind in der glücklichen Lage, diesem aus nächster Nähe beizuwohnen. Vorsicht! Nur von hinten nähern, sonst gerät man plötzlich wie Jonas für einige Wochen in Einzelhaft.
Walze	Übergewichtige Sportlerin, von der man sich besonders unterhalb von Wehren fernhalten sollte, da es lebensgefährlich sein kann, unter sie zu geraten.
Wasserfall	Unachtsamer Kanute, der trotz aller gängigen Vorkehrungen und unter Beachtung sämtlicher Ratschläge plötzlich in den Bach fällt.

Wasserski	Entgegen aller Vernunft wird immer wieder versucht, hinter Kajaks W. zu laufen. Falls es doch einmal glückt, sollten sich die Beteiligten sofort beim ZDF als Kandidaten für die Sendung „Wetten daß?“ bewerben.
Wattenmeer	Flaches Meer zwischen Küste und Inseln, wo das Wasser oft nur knietief ist. Aus diesem Grund schickte Pfarrer Kneipp seine Patienten hierher zum Waten (Friesisch: Watten). Auch Paddler gehen dieser Tätigkeit häufig nach, besonders bei ablaufendem Wasser.
Wehre	Von menschenfreundlichen Kraftwerkbesitzern zum Schutze der Kanuten angebrachte Barrieren, damit diese nicht in die lebensgefährlichen Walzen dahinter geraten.
Wiederbelebung	Der Hinweis auf einen schattigen Biergarten während einer Hitzewelle, wenn der Fluß schon kilometerweit aufgestaut ist.
Wildwasser	Tränke für freilebende Wildtiere. Da diese sehr anspruchsvoll sind, liegen sie meistens an schnellfließenden, sauerstoffreichen Gewässern. Kanuten können sie dort gut beobachten, weil sie dasselbe Revier bevorzugen.
Winde	Treten besonders häufig nach dem Verzehr von Bohneneintopf auf. Da Winde immer stromaufwärts wehen, sollte man besser nebeneinander paddeln.
Windmühlenkreuzer	Malerisches, asymmetrisches Paddelverhalten einer Zweierbesatzung, von dem sich Pedanten und Energetiker mit Grausen wenden.
Windstärke	Von Kajakfahrern ungeliebte Naturerscheinung, da sie bei zunehmender Stärke den Seglern gegenüber ins Hintertreffen

Windmühlenkreuzer
JRS

geraten. Erfreulich ist jedoch, daß man ab W. 9 im Rücken jeden Fluß spielend stromauf paddeln kann.

X, Y

Xanten

Gegend an der Schelde, wo in germanischen Zeiten ein Kajak in Form eines Schwanes getestet wurde. Der Konstrukteur, Lohengrin, hat allerdings nach dem zweiten Versuch aufgegeben.

Xanthippe

1. Schreibhilfe aus Xanten.
2. Kosename für Ehefrauen, die aus übertriebener Fürsorge dem philosophisch veranlagten Ehemann verbieten, an der Erstbefahrung einer unwegsamen Schlucht in den Karpaten teilzunehmen.

Yacht

Segelboot mit eingebauter Übernachtungsmöglichkeit, dessen Besitzer von Normalverbrauchern schamlos beneidet wird, besonders beim Verzehr von Kaviarbrötchen mit Champagner. Nicht so von Kajakfahrern, die genau wissen, wie schwerfällig so ein Boot in verblockten Katarakten zu bewegen ist.

Z

Zehen

Gefährdetste Körperteile von Kanuten, da sie beschuht naßkalt und unbeweglich sind, aber nackt ständig geprellt, gequetscht und zerschnitten werden. Wollen sie sich nachts

Xanten
JRS

Zivilisation
JRS

erholen, sind sie bald unbedeckt und den blutrünstigen Attacken aller Mücken preisgegeben.

Zelt Mobilie des Paddlers, die ihn vor Nässe, Kälte und Ungeziefer schützen soll. Da das nicht immer gewährleistet ist, tröstet er sich mit der Gewißheit, wenigstens einen Sichtschutz vor Spannern zu haben.

Zeltplatz Entschließt man sich, bei sinkender Sonne einen Z. zu suchen, ist man an den schönsten bereits vorbeigefahren. In Hoffnung auf einen besseren läßt man dann die mittelmäßigen links liegen, um in stockfinsterer Nacht sein müdes Haupt zwischen einem Brennesselschlag und einem Kieswerk zu betten.

Ziehen 1. Fortbewegung des Kajaks bei Niedrigwasser.
2. Technik, sich seitlich per Paddel aus der Affäre zu ziehen.

Zittern Unkontrollierbare Körpererschütterungen, die bei Unterkühlung auftreten; angeblich auch bei großer Angst, die aber an Kanuten noch nie beobachtet wurde.

Zivilisation Lat.: Verfeinerte Lebensweise. Auf sie muß der Kanute auf großer Fahrt weitgehend verzichten, auch wenn er Zierat in Form von Kristallgläsern, Porzellan und seidener Wäsche mitführt, um der Verwahrlosung entgegenzuwirken.

Zweier Das Tandem der Kajaks. Speziell im gemischten Doppel vollzieht sich die Fortbewegung analog zum Gleichklang liebender Herzen. Extreme Disharmonie führt zu Herzrhythmusstörungen.

Fröh·li·che Wör·ter·bü·cher von A bis Z

ISBN 3–8231–0135–8

ISBN 3–8231–0126–9

ISBN 3–8231–0127–7

ISBN 3–8231–0139–0

ISBN 3–8231–0116–1

ISBN 3–8231–0105–6

ISBN 3–8231–0138–2

ISBN 3–8231–0136–6

ISBN 3–8231–0159–5

ISBN 3–8231–0110–2

SBN 3–8231–0162–5

ISBN 3–8231–0101–3

ISBN 3–8231–0120–X

ISBN 3–8231–0137–4

ISBN 3–8231–0121–8

ISBN 3–8231–0152–8

ISBN 3–8231–0157–9

ISBN 3–8231–0122–6

ISBN 3–8231–0144–7

ISBN 3–8231–0114–5

TOMUS-Büche

ISBN 3–8231–0113–7

ISBN 3–8231–0107–2

ISBN 3–8231–0128–5

ISBN 3–8231–0112–9

ISBN 3–8231–0149–8

ISBN 3–8231–0147–1

ISBN 3–8231–0129–3

ISBN 3–8231–0143–9

ISBN 3–8231–0119–6

ISBN 3–8231–0123–4

ISBN 3–8231–0134–X

ISBN 3–8231–0154–4

ISBN 3–8231–0163–3

ISBN 3–8231–0164–1

ISBN 3–8231–0124–2

ISBN 3–8231–0140–4

ISBN 3–8231–0117–X

ISBN 3–8231–0156–0

ISBN 3–8231–0109–9

ISBN 3–8231–0102–1